Made in the USA
Monee, IL
02 June 2022

97357148R00060